María Wagner Civera

¿Dónde está Mila?

Ernst Klett Verlag
Stuttgart · Leipzig

Zusatzangebote im Internet:
Dieser Mediencode führt zu den **Lösungen** der Aufgaben im Anhang. Einfach den Code in das Suchfeld auf www.klett.de eingeben.

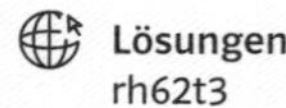

1. Auflage 1 5 4 3 2 | 24 23 22

Autorin: María Wagner Civera

Entstanden in Zusammenarbeit mit dem Projektteam des Verlages.

Illustrationen: jani lunablau, Barcelona
Satz: Fotosatz Kaufmann
Druck: AZ Druck und Datentechnik GmbH, Kempten/Allgäu

Printed in Germany
ISBN 978-3-12-536096-9

Índice

1 En el instituto Quevedo de Madrid

Lunes por la mañana

Rosa es la profesora de lengua, y hoy llega cinco minutos tarde. Entra, se quita las gafas de sol, y les dice a sus alumnos que tienen que abrir el libro y escuchar. En la pizarra escribe: Romanticismo español, Gustavo Adolfo Bécquer.

Los alumnos no tienen mucho interés en el tema y empiezan a hablar sobre una aplicación nueva para el móvil, sin escuchar a la profesora. Rosa es una profesora fantástica, pero en momentos así, se enfada.

Entonces llama alguien a la puerta. Son Nico, el hermano pequeño de Mila, y su madre.

—Perdón, Rosa, ¿puede salir Mila de clase? —dice la madre con acento noruego.

—Claro, no hay problema. Mila, toma tu mochila y estos deberes para mañana. Pero... ¿Qué pasa? ¿Está todo bien? ¿Hay algún problema? —pregunta Rosa.

—Todo bien, gracias. Vamos al dentista —dice la madre.

Mila toma sus cosas, mira a Sara, que está a su lado, y le dice en voz baja:

—No sé que pasa. ¡No tengo ni idea! Pero... ¿tenemos que ir todos al dentista?

—Luego te llamo y me cuentas —dice su amiga.

—Sí, vale. Esta tarde hablamos.

---

4 quitarse las gafas – die Brille abnehmen; **5 abrir** – *hier:* aufschlagen; **5 la pizarra** – die Tafel; **14 noruego** – norwegisch; **19 en voz baja** – leise

Martes por la mañana en el instituto

Manu es un buen amigo de Mila y Sara. Es moreno, lleva el pelo corto, es muy bueno en Informática y malo en todo lo demás, pero es el chico más divertido de la clase.
Está en la puerta de clase con un amigo. Los dos están hablando sobre algo que pasó en el partido de fútbol del domingo. Sara llega y le pregunta a Manu:
—¿Qué sabes de Mila?
—Pues nada, por aquí no está —dice Manu.
—Creo que tiene el móvil roto. Ayer la llamé toda la tarde y le escribí mensajes por la noche, pero nada... no contesta.
—Es que su móvil no es bueno. La batería es muy mala —le dice Manu.
—Sí, es verdad —contesta Sara.

2 Es moreno. – Er hat dunkle Haare.; **10 (estar) roto,-a** – kaputt;
12 la batería – der Akku

Diario de Mila, martes

¡Un cuaderno y lápiz! Es lo único que me dejan usar en este lugar. ¡¡¡Esto es de locos!!!

Leer libros y escribir en este cuaderno es lo único que puedo hacer aquí. ¿Y dónde es aquí? Pues no lo sé. Mi madre no me explica nada. Viene al instituto, tengo que salir de clase, me mete con mi hermano en un coche (que además no es el nuestro), me tapa los ojos y, después de casi cinco horas en el coche, llegamos aquí. Una casa desde la que escucho el mar. Cuando llegamos a la casa nos quita el pañuelo de los ojos y podemos ver: no hay casi muebles y hay pocas cosas. En mi habitación solo hay una mesa blanca, una silla, una cama, algunos libros y este cuaderno medio roto. Tengo miedo. Hace mucho calor. No quiero cenar. No entiendo nada. Me voy a dormir.

Miércoles por la mañana

Sara está organizando sus papeles y libros y llega Manu y le pregunta:

—¿Sabes ya algo de Mila?

—No. Creo que está enferma —dice Sara.

—Ya... A mí tampoco me contesta los mensajes, pero eso es normal. A veces pienso que me odia —dice el chico.

—Pues ten cuidado, porque del amor al odio hay solo un paso... je, je —dice Sara.

—Muy graciosa... Solo necesito su ayuda con los deberes de Inglés. Para ella es muy fácil y para mí es casi imposible.

—Sí, sí... claro, los deberes de Inglés...

---

1 el diario – das Tagebuch; **2 lo único** – das Einzige; **7 meter** – stecken; **8 tapar los ojos** – die Augen verbinden; **10 el mar** – das Meer; **11 el pañuelo** – das Halstuch; **15 entender (-ie-)** – verstehen; **22 Me odia.** – Sie hasst mich.; **23 Ten cuidado.** – Pass auf.; **23 el amor** – die Liebe; **23 el odio** – der Hass; **23 el paso** – der Schritt; **26 fácil** – einfach

2 Cerca del mar

Diario de Mila, miércoles

No me lo puedo creer. Me levanto y... ¿qué es lo que veo? A mi hermano con cara de pocos amigos y me dice que mi madre no está en la casa.

Hay dos tipos que "nos cuidan" y solo nos dejan salir al jardín. Son dos hombres altos, gordos y nada simpáticos. Parecen dos gorilas con gafas de sol. Hablan noruego entre ellos

Salgo al jardín, hay plantas y una piscina. Miro hacia el cielo. Es muy azul. Y otra vez escucho el mar. Es lo único bonito de estar aquí: escuchar el mar.

Mi hermano está más enfadado que yo. No entendemos nada y los gorilas no nos explican nada.

Jueves por la mañana

Sara entra en clase y le dice a Manu:

—Esto ya es demasiado raro. Como no sé nada de Mila, fui a la clase de su hermano y... ¿sabes qué? —dice Sara.

—No, cuenta... A ver... ¿también está enfermo? —pregunta Manu.

—¡Exactamente! —dice Sara—. ¿A que es raro?

—Pues no... no es nada raro —dice la profesora Rosa, que está escuchando—. Son hermanos, es lo más normal del mundo. Los hermanos viven juntos y se contagian. Pero su madre no nos avisó de que sus hijos están enfermos... ¡Qué raro! Luego la llamo. ¡Ahora a trabajar!

---

6 el tipo – der Typ; **11 el cielo** – der Himmel; **24 contagiarse** – sich anstecken

Diario de Mila, jueves
Mi madre no está. No sabemos nada de ella. Veo su bolso en el sofá y sus cosas en el baño. Todo es muy raro y tengo miedo. Pero tengo que ser fuerte. Tenemos que conseguir salir de aquí y pedir ayuda. Cuando los gorilas están comiendo, llevo a mi hermano al baño y le digo en secreto que tenemos que salir de aquí. Él también tiene miedo. No entendemos cómo una familia normal puede llegar a estar en esta situación. Tampoco sabemos dónde está nuestra madre y no entendemos por qué estamos encerrados en una casa cerca del mar.

Viernes por la mañana

Sara llega muy nerviosa a clase y le dice a Manu:

—Escucha, me tienes que ayudar.

—¿Qué pasa? ¿Todavía no sabes nada de Mila?

—Sé poco de ella y lo que sé no me gusta.

—Mira, Sara, es muy temprano, ¿puedes hablar más claro?

—Ayer por la tarde, cuando volví del instituto, pasé por la calle de Mila. Llamé a la puerta mil veces. Al final la vecina salió enfadada. Ella ya me conoce de otras veces. Le expliqué que Mila no viene a clase y que su móvil no funciona. Le propuse una cosa: salir a su balcón porque está al lado del balcón de Mila. La vecina es muy cotilla, así que me dijo: "Vale, vamos a mirar qué pasa".

—¿Y...? —pregunta Manu.

—Pues, por suerte, no cerraron bien las cortinas y pudimos ver la casa. ¡Y no te lo vas a creer! La casa está vacía. No hay nada, nada de nada.

—¿Ni muebles? —dice Manu.

—¡Nada! —contesta Sara seria.

—Mila, la chica fantasma —dice Manu—. ¿Cómo puede desaparecer de repente?

---

2 el bolso – die Tasche; **4 fuerte** – stark; **4 conseguir** – schaffen; **10 (estar) encerrado, -a** – eingesperrt sein; **15 todavía no** – noch nicht; **21 propuse (proponer)** – Ich schlug vor.; **23 la cotilla** – die Plappertasche; **25 cerrar** – zuziehen; **25 la cortina** – der Vorhang; **26 (estar) vacío,-a** – leer; **30 desaparecer** – verschwinden

Diario de Mila, viernes
Mi hermano y yo hablamos por la noche con los gorilas. Los amenazamos con llamar a la policía. Nuestro noruego no es perfecto, pero ellos nos entendieron y nosotros también los entendimos. Fue horrible. Nos dijeron: "Policía significa peligro para vuestra madre", o algo así... Y, además, se rieron de nosotros porque no tenemos móvil para llamar. Y es verdad. No tenemos móviles y no hay nadie más en la casa.
Y, además del 112, solo me sé el número de un amigo. Y lo sé porque es tan fácil que es imposible no aprenderlo: 600600600.
Así que si no puedo llamar a la policía, voy a llamar a ese número. Le conté a Nico la situación y él tuvo una gran idea.

Viernes por la tarde

Después de la última clase, Manu mira su móvil. Hay una llamada y un mensaje de voz de un número que no conoce.
Lo escucha, es de Mila:

Hey, necesito ayuda. Pero no puedes llamar a la policía, por favor. No sé exactamente dónde estoy y no puedo salir. Estoy encerrada en una casa al lado de la playa...
(Se escucha que alguien habla de lejos)
¡Termina, Mila! ¡Rápido! Vienen.

Piiip piiip piiip...
Manu va rápidamente hacia Sara:
—Espera, Sara, ¡escucha esto!
—No puedo, Manu, tengo que ir al gimnasio.
—Sara, ven. Es importante. Tengo un mensaje de Mila.

---

3 amenazar – drohen; **6 el peligro** – die Gefahr; **6 Se rieron de nosotros.** – Sie haben über uns gelacht.; **15 la llamada** – der Anruf

—Y si es tan importante... ¿por qué te llama a ti y no a mí? —dice Sara enfadada.
—No lo sé, pero escucha. Tiene problemas.
Sara escucha el mensaje y dice seria:
—Tenemos que llamar a la policía.
—¡Pero Mila dice en el mensaje que no podemos llamar a la policía! —dice Manu.
—Ya, Manu, ¡pero no sé en qué lugar está encerrada! —dice Sara nerviosa—. ¡Tienes que llamar a ese número!
—¿Por qué yo? —pregunta Manu.
—Pues, porque es tu móvil —contesta Sara.
—Vale, yo llamo.
—Espera —dice Sara—. Tú eres muy bueno en Informática. ¿No puedes averiguar la localización del móvil?
—Pues no es tan fácil, Sara. Necesito un programa de ordenador que tengo en casa y Mila tiene que activar la localización del teléfono y no sé si la activó.
—Vamos a tu casa —dice Sara.

Diario de Mila, sábado
Mi hermano tiene ideas geniales y es valiente. Hace mucho calor y a los gorilas les encanta el agua. Así que ayer cuando los gorilas entraron en la piscina, Nico empezó a distraerlos con una pelota. Empezaron a jugar a waterpolo, y yo, mientras, tomé uno de sus móviles, probé el pin 1234 y funcionó. ¡Genial! Así que llamé al número de Manu. Activé mi localización porque una vez vi en una película que es muy importante.
Pero los gorilas me descubrieron rápido y no pude darle nada de información. No tuve tiempo. Los gorilas se enfadaron, empezaron a gritar y no nos dejaron cenar.

---

8 No sé en qué lugar... – Ich weiß nicht wo...; **14 averiguar** – herausbekommen; **14 la localización**– der Standort; **16 activar** – aktivieren; **20 valiente** – mutig; **23 la pelota** – der Ball; **24 mientras** – währenddessen; **28 descubrir** – entdecken; **30 dejar** – lassen

3 Todos a la playa

Sábado por la mañana

Rosa recoge a Manu y a Sara en su pequeño coche rojo.

Cuando están los tres en el coche, la profesora empieza a hablar muy seria:

—No sé... no puedo creer esto... ¿Qué hago yo aquí con vosotros?

—Pues... ayudarnos —dice Sara.

—Esto es de locos... Ayer por la noche mentí a vuestros padres sobre un proyecto del colegio sobre la literatura y el mar en el siglo XXI. Y ahora estamos aquí, de camino a Oliva, un pueblecito en la costa mediterránea. En busca de la chica fantasma.

—Mila nos necesita —dice Manu.

—Sí, sí... su madre no contesta el teléfono y eso es raro, pero, de verdad, todo esto es de locos y creo que lo mejor es llamar a la policía —dice Rosa.

—¡Nooo! —gritan los chicos a la vez.

—Vale, vale, vale. Vamos a intentar encontrar a Mila y vamos a ver qué pasa —dice Rosa—. Pero, Manu, ¿estás seguro de que tienes la localización?

—Sí, más o menos... —dice el chico—. Tuvimos suerte. Mila activó la localización, y así, con un programa, pude encontrar dónde está. ¡Qué inteligente es!

—Vale, pero... ¿cuánto es más o menos? —pregunta Sara.

—Bueno, es una zona de casas y restaurantes cerca de la playa —dice Manu.

---

3 recoger – abholen; **8 mentir** – anlügen; **11 en busca de** – auf der Suche; **13 de verdad** – wirklich; **16 gritar** – schreien; **18 (estar) seguro, -a** – sicher sein

—Pues va a ser imposible encontrar a Mila —dice Rosa enfadada—. ¿No tienes la localización exacta?
—No, pero no va a ser difícil encontrar a Mila.
—Ah... ¿Y por qué dices eso? —pregunta Rosa.
—Pues porque Mila llama la atención. Seguro que alguien sabe dónde está.
—¿Ah sí? ¿Por qué llama la atención? —dice Sara.
—Bueno, pues es muy amable y simpática y... —dice Manu.
—Sí, y además es alta, tiene unos ojos verdes grandes, una cara y un pelo rubio muy bonitos y una sonrisa perfecta, ¿no? —dice la profesora.
—Sí, bueno... Eso también —dice Manu, rojo como un tomate.

Diario de Mila, sábado por la tarde
Tenemos que buscar otro plan para escapar. Pero ahora es más difícil porque los gorilas están enfadados y nos vigilan todo el tiempo. Ayer casi conseguí pedir ayuda, pero no funcionó. Pasó el cartero, un chico de mi edad, cerca de casa. Intenté hacerle señas desde la ventana para llamar su atención. No pude gritar para no enfadar a los gorilas. El chico me miró, pero no hizo nada. Creo que le parecí un fantasma porque giró rápido y, como con miedo, siguió con su trabajo por otras calles.

Sábado por la tarde en Oliva

Hace mucho sol y mucho calor, pero es lo normal en junio. Son las 15:30 y la profesora deja el coche donde dice Manu. No hay gente por la calle. Algunas casas parecen cerradas, en otras hay un coche en la puerta, ropa al sol o bicicletas por el jardín.

---

3 difícil – schwer; **5 llamar la atención** – auffallen; **10 la sonrisa** – das Lächeln; **14 escapar** – überwinden; **15 vigilar** – überwachen; **17 el cartero** – der Briefträger; **17 la edad** – das Alter; **18 hacer señas** – winken; **22 el trabajo** – die Arbeit; **26 cerrado, -a** – geschlossen

Solo hay un hotel restaurante chino abierto, todas las otras tiendas están cerradas.
Salen del coche, Sara mira a su alrededor y dice:
—No hay nadie... Parece un pueblo fantasma.
—Es el lugar perfecto para la chica fantasma —dice Manu.
—Pues a mí me parece todo normal —dice Rosa—. Este es un lugar de vacaciones. ¿Quién va a estar por la calle a estas horas, con este calor? La gente está comiendo o durmiendo la siesta. Y es junio. Seguro que en agosto esto está lleno.
—¿Por dónde empezamos? —pregunta Sara.
—Por comer —dice Rosa—. ¡Tengo mucha hambre! Os invito en este restaurante, un hotel restaurante... ¡Qué original!
—¿En el chino ese? —dice Sara.
—¡Me encanta la comida china! —contesta Manu.
—A mí también —dice la profesora.

Cuando entran en el hotel restaurante Dragón Oculto los tres comentan que los camareros de ese restaurante son muy raros, como demasiado altos. Además, todos llevan máscaras que no dejan ver las caras.
Ninguno habla mucho. Dicen solo “sí” o “no”. Y siempre hay uno que mira a otro. Nadie está solo. Van siempre de dos en dos. El lugar es oscuro y no hay más clientes.
—¡Qué miedo! —dice Sara.
—¡Oye, Sara! Lo importante en un restaurante es la comida. Y la comida china está muy rica —dice Manu.
—Sí, pero es verdad lo que dice Sara. Hay algo raro aquí... —dice la profesora—. Vamos a terminar la comida para salir ya de este lugar oscuro y vamos a buscar a Mila.

---

1 abierto,-a – geöffnet; **3 Mira a su alrededor.** – Sie schaut sich um.; **8 la siesta** – der Mittagsschlaf; **9 (estar) lleno, -a** – voll; **17 comentar** – *hier:* erzählen; **19 dejar** – lassen; **20 ninguno,-a** – keine, -r, -s; **22 el cliente** – der Kunde

饭店

4 El cartero y la casa junto al mar

Los chicos y la profesora salen del restaurante y empiezan a dar un paseo por las calles que les enseña Manu en el móvil.

—Va a ser difícil encontrar a Mila así —dice Rosa—. Podemos llamar puerta por puerta, pero si Mila está encerrada, no va a abrir la puerta, ¡claro!

—Es verdad, tenemos que buscar otro plan.

—Tenemos que preguntar a la gente que vive por aquí —dice Sara.

—Muy bien, Sara, pero... ¿a quién le vamos a preguntar si no hay nadie? —pregunta Manu.

—Mira, allí a lo lejos —dice Rosa—, es el cartero. Seguro que él conoce a todos los que viven por aquí. Corred, chicos, vamos a preguntarle.

Los tres empiezan a correr en dirección al cartero. El cartero los mira y no entiende nada, tiene miedo, así que él deja su carro grande con paquetes y también empieza a correr para escapar de ellos.

—¡Espera, espera! —grita Rosa—. Solo queremos preguntarte algo.

El cartero no espera y corre todavía más rápido. Pero Sara es una atleta fantástica, nadie corre más que ella. Consigue llegar hasta el cartero. Los dos están rojos por el calor y el esfuerzo. Sara lo toma del brazo, lo mira a los ojos y le dice:

—¿Qué te pasa? ¿De verdad tienes miedo de mí?

El cartero la mira a la cara. Sara es delgada, morena, con el pelo corto y tiene cara de buena persona. El cartero se queda parado y dice:

—Lo siento, es que desde que trabajo aquí, solo pasan cosas raras. Y, la verdad... No sé que hacéis dos chicos y una señora a las cuatro de la tarde con este calor por aquí. ¿Y por qué estáis corriendo hacia mí?

—Ufff —dice Sara—, es verdad, no es muy normal lo que estamos haciendo. Pero no somos peligrosos.

---

16 el carro – der Wagen; **23 el esfuerzo** – die Anstrengung; **24 el brazo** – der Arm; **27 Se queda parado.** – Er ist verblüfft.; **34 peligroso, -a** – gefährlich

Manu y Rosa se acercan, y Manu le enseña la foto de Mila en el móvil y le pregunta:
—¿Conoces a esta chica?
El cartero se pone blanco, se queda unos segundos sin hablar y contesta:
—No, no sé quién es esa chica...
—¿Seguro? —pregunta Rosa, que siempre averigua si alguien miente.
—Claro, estoy seguro. Nadie puede olvidar a una chica así —dice el joven.
—Tienes que decir la verdad. Tiene problemas —dice Rosa enfadada.

Los chicos y la profesora le dicen adiós al cartero y miran a su alrededor. Todavía no hay nadie más por la calle. Cuando ya se van, de repente escuchan un grito:
—¡Esperad!
El cartero se acerca a los tres y les dice:
—Lo siento, mentí. Ayer vi a esa chica. Pero tengo miedo de hablar sobre esto. La vi en "la casa rara". Toda la gente intenta pasar lejos de allí. Y yo también lo intento.
—No tienes que venir. Di solo cuál es esa casa y, tranquilo, si alguien nos pregunta, decimos que no te conocemos..., que nosotros nunca hablamos contigo. No queremos ponerte en peligro. Pero, ¡cuenta!
—Vale —dice el cartero—. Mirad, es la casa con la puerta grande verde. La que está a la izquierda del camino, al lado del mar. ¡Tened cuidado!
—Muchas gracias—dicen los tres.
Rosa, Manu y Sara se miran. Están contentos por saber dónde está Mila, pero también tienen miedo. No les gusta el nombre de "la casa rara" que dio el cartero.

Se acercan a la casa. La miran por fuera. No escuchan ruidos. Sara se sube a la valla y ve a los gorilas a lo lejos. Ellos no la ven.

---

4 ponerse blanco – bleich werden; **9 olvidar** – vergessen; **17 acercarse** – sich nähern; **27 ¡Tened cuidado!** – Passt auf!; **32 por fuera** – von außen; **33 subirse** – *hier:* steigen; **33 la valla** – der Zaun

También ve a Mila, que está escribiendo en el jardín en un cuaderno. Está muy cerca de ellos. Ellos hacen señas, pero Mila no los ve.

—Hay que decirle a Mila que estamos aquí, pero esos hombres parecen peligrosos. Tenemos que tener cuidado —dice Sara.

—Ya, pero no vamos a poder hablar con ella si esos hombres están siempre ahí —dice Manu—. Pero creo que tengo una idea...

Diario de Mila, sábado por la noche

¡Estoy tan contenta! Me encanta mi nombre, creo que me da buena suerte. Mi madre lo eligió porque es el diminutivo del nombre de mi abuela española, Milagros. Y esto que voy a contar es como mi nombre... ¡un milagro! Hace dos horas, un avión de papel cayó sobre mi cuaderno. Muy rápido miré a mi alrededor, pero no vi nada. Lo tomé y lo abrí. Mira, lo voy a pegar aquí, en mi diario, como recuerdo de esta pesadilla, que creo que ya va a terminar. Quiero guardar este diario, porque si consigo escapar, a lo mejor un día escribo un libro sobre todo esto.

Tengo que hablar con Nico. Va a estar muy contento. Pero tengo que tener cuidado. No nos pueden escuchar.

Mila, tranquila. Vas a salir de esta casa. Tienes que estar mañana a las dos cerca de la valla de la piscina. Salta la valla hacia la calle y corre hacia un coche rojo. Nosotros vamos a hablar con esos hombres mientras escapas.

Sara, Rosa y Manu

---

11 elegir – aussuchen; **11 el diminutivo** – der Spitzname; **13 el milagro** – das Wunder; **16 pegar** – einkleben; **16 el recuerdo** – die Erinnerung; **17 la pesadilla** – der Albtraum; **17 guardar** – behalten; **24 saltar** – *hier:* überwinden

5 La noche en el Dragón Oculto

—¿Qué os parece mi idea?—pregunta Manu.

—Que puede salir bien o mal... —dice Sara seria.

—Bueno, pero como solo tenemos esa idea, creo que no nos queda otra opción —dice la profesora.

—Y esta noche ¿dónde dormimos? —pregunta Sara.

—Mirad, chicos, no tenemos tiempo para buscar hoteles y yo tampoco tengo mucho dinero, así que vamos a pasar la noche en el Dragón Oculto. Está cerca de aquí y no cuesta mucho. Allí podemos terminar de preparar nuestro plan, tiene que ser un plan perfecto.

—¿Estás hablando en serio? —dice Sara.

—Sí, tranquila. Ya sé que el lugar es oscuro y raro, y los camareros no son simpáticos —dice Rosa.

—Pero Sara, de verdad, siempre protestas, es solo una noche y es un hotel normal—dice Manu.

—¡Claro! —le dice Rosa a Sara—. Además, tú vas a dormir en mi habitación. No tienes que tener miedo.

—Un momento... ¿Y yo? ¿Voy a dormir solo? —pregunta Manu con cara de miedo.

—¡Vamos, Manu! No protestes... Es solo una noche, y es un hotel normal... —ríe Sara.

Sábado por la noche

El hotel parece vacío. En la recepción hay, como siempre, dos personas con máscaras que hablan poco y un gato de juguete que mueve todo el tiempo un brazo. La habitación de Sara y la profesora es grande, pero tiene poca luz. La habitación de Manu no está lejos de la de las chicas. Es más pequeña y es toda de color rojo y negro.

Manu no puede dormir, hace mucho calor. Cuando por fin duerme, se despierta de repente en medio de una pesadilla.

---

15 protestar – sich beschweren; **22 ríe (reír)** – lachen; **25 el juguete** – das Spielzeug; **27 la luz** – das Licht; **30 por fin** – endlich; **31 despertarse (-ie-)** – aufwachen

Sale de la habitación a media noche y llama a la puerta de las chicas.

Sara y Rosa se despiertan por el ruido.

—¿Qué pasa? ¿Quién es? —pregunta Rosa.

—Soy Manu. No quiero dormir solo...

La profesora abre la puerta y dice:

—De verdad, Manu, estas no son horas de llamar a la puerta. Vamos, pasa. Puedes dormir en ese sofá.

Por la mañana Manu vuelve a su habitación y encuentra su mochila abierta y la habitación desordenada. Todo está por el suelo, parece que alguien buscó algo por la noche.

"¿Pero qué?", piensa Manu.

En su mochila está todo y el móvil está por el suelo.

---

6 abrir – öffnen; **10 desordenado, -a** – unordentlich

6 La idea de Manu

Domingo por la tarde

Manu ya tiene preparado el plan y sabe por las calles que tiene que escapar si hay peligro.

—¡Qué emoción! Esto es como una película —dice Sara.

—Pues sí, y las películas siempre terminan bien. Nosotros solo necesitamos mucha suerte y todo va a salir bien—contesta Rosa.

La profesora les dice:

—Chicos, ya son casi las dos. Cada uno a su lugar y ya sabéis. Esto es importante. Si algo sale mal, no hay plan B. Llamamos a la policía. ¿Estamos de acuerdo?

—Sí —dice Manu.

—Claro, Rosa —dice Sara.

Hace mucho sol. Manu lleva gafas de sol y una gorra. En la mano lleva una bolsa grande de comida china para llevar.

Son las dos. Se acerca a la puerta verde grande y piensa en Mila, en que es su amiga, y llama a la puerta.

Escucha unos pasos. Se acerca un hombre alto y fuerte con cara seria y dice con acento noruego:

—¡Fuera! ¡Nadie puede venir aquí!

Manu ve que el hombre lleva una pistola en su pantalón. Sus manos tiemblan. Manu mira al hombre. El otro gorila los mira desde otra parte del jardín.

—Pero... ¿qué quieres, chico? ¡Fueraaaaaa! —grita el gorila nervioso.

Manu le enseña la bolsa de comida china y dice:

—Pediste comida china, pues tienes que pagarla. Aquí tienes. Son 25 euros.

—Yo no pedí nada, chico tonto.

---

3 preparado, -a – vorbereitet; **9 cada uno** – jeder Mensch; **10 salir mal** – schiefgehen; **11 de acuerdo** – einverstanden; **14 la gorra** – die Kappe; **20 ¡Fuera!** – Raus!; **21 la pistola** – die Pistole; **22 temblar (-ie)** – zittern; **27 pedir (-i-)** – bestellen

—Pues, quizás, la pidió tu amigo, ese de allí. Son 25 euros —dice otra vez Manu.
El otro hombre se acerca también a Manu. Los dos gorilas sacan las pistolas y uno le pregunta:
—¿Traes un mensaje del jefe? No te conocemos...
La bolsa de comida se cae al suelo. Manu mira a los hombres fuertes con pistolas y dice:
—Lo siento mucho. Creo que esta comida es para otra casa.
Los gorilas se miran. Dicen algo en noruego que Manu no entiende y uno de ellos dice:
—Chico tonto, último aviso: ¡corre! ¡Fuera!
Manu corre rápido.
Los gorilas toman la bolsa del suelo y ríen.
Mientras tanto Mila y Nico consiguen saltar la valla y corren hacia el pequeño coche rojo. Allí están Rosa y Sara.
Mila y Nico entran en el coche.
—¡Nico! ¿Tú también estás aquí? Pero... ¿dónde está vuestra madre? —pregunta Rosa.
—Pues no está con nosotros y no sabemos dónde está —contesta Nico.
—Corre, Rosa, rápido. Vienen los gorilas. ¡Mira, están allí! —grita Mila.
—Sí, Rosa, ya están muy cerca. Tienes que ir más rápido —dice Sara.
—¡Rápido, Rosa! —grita también Nico.
La profesora va rápido hacia Manu en coche. Pero entonces ve que los gorilas se acercan por allí y cambia de dirección.
—Tranquilos, chicos —dice Rosa—. Ya estamos lejos de los gorilas.

---

1 quizás – vielleicht; **5 el jefe** – der Chef; **8 Lo siento mucho.** – Es tut mir sehr leid.; **11 el aviso** – die Warnung; **14 mientras tanto** – inzwischen; **27 cambiar** – ändern

6

Manu corre por otra calle y ve a los gorilas de lejos en bicicleta. Manu no sabe dónde esconderse, gira por la primera calle y ve al cartero. El chico no lo piensa dos veces y se esconde dentro del carro grande del cartero sin preguntar.

“Uff... esto es de película”, piensa el cartero, mientras mira su carro y ve a los hombres en bicicleta que persiguen un coche pequeño rojo.

La profesora escapa de los gorilas.

Cuando ya ven que están lejos y solos paran.

—Tenemos un problema gordo —dice Rosa seria.

—Sí —dice Sara. A lo mejor Manu está en peligro.

—Tenemos que volver ya a por él —dice Mila.

—No —dice la profesora.

—¿Cómo que no? —pregunta Sara seria.

—Pues porque lo que vamos a hacer es llamar a la policía y ellos van a buscar a Manu. Yo no puedo más, todo esto es demasiado para mí.

—Si llamas a la policía, puedes poner a mi madre en peligro. Y no queremos eso —dice Nico.

—Tu madre... ¿y dónde está ella? —dice Rosa enfadada.

Entonces escuchan un móvil, que está en la mochila de Manu. Sara saca el móvil de Manu y dice:

—¿Sí?

—Sara, estoy bien. Estoy en casa del cartero. Él me ayudó a escapar. Es una buena persona y, ¿sabes? Creo que le gustas. Habla mucho de ti, de lo rápido que corres... Me llamo a mí porque solo sé mi número de móvil. ¡Qué suerte que dejé mi mochila en el coche! Porque no sé otro número de móvil...

—Vale, vale... Manu, vamos a hablar de lo importante —dice Sara mientras todos la miran y escuchan—: escribe un mensaje con la dirección. Tranquilo, vamos a ir a por ti.

—¿Estáis todos bien? ¿Está Mila con vosotros? pregunta Manu.

—Sí, estamos todos aquí, en el coche. Nico, el hermano de Mila, también. Luego te contamos más.

---

1 de lejos – von weitem; **2 esconderse** – (sich) verstecken;
6 perseguir (-i-) – verfolgen

CALLE
DEL MAR

7 La madre de Mila

El cartero estudia en el instituto, pero trabaja algunas horas en Correos para ganar algo de dinero. Vive con sus padres en un pequeño apartamento en el centro histórico de Oliva, bastante lejos de “la casa rara”. Desde el coche no ven peligro, pero tienen cuidado. Sara baja sola y llama a la puerta de la dirección que le dio Manu. El cartero abre. Sara lo mira y piensa que, además de guapo, es un chico muy valiente.

—Hola... —dice Sara tímida.

—Hola... Soy Jovi, de José Vicente —dice él.

—Muchas gracias de parte de todos —dice ella.

Entonces se acerca Manu y dice:

—Jovi es un chico genial, ya tiene mi número de teléfono y va a venir un fin de semana a visitar Madrid.

—Muy bien, Manu, pero ahora vamos, rápido —dice Sara.

El coche rojo parece todavía más pequeño con cinco personas dentro. En el viaje hablan sobre la madre de Nico y Mila. Y los hermanos cuentan todo lo que pasó desde que su madre fue a por ellos al instituto. Cuando llevan una hora de viaje, paran para descansar. Rosa necesita tomar un café.

Manu dice:

—¡Yo invito!

Entonces saca la cartera de la mochila y encuentra una nota dentro:

Para Mila y Nico:
Estoy prisionera. No puedo salir.
Estáis en peligro. Tenéis que escapar
de la casa.
Lo siento mucho. Todo esto es mi culpa.
Os quiero.

---

4 bastante – ziemlich; **6 bajar** – aussteigen; **9 tímido, -a** – schüchtern; **11 de parte de todos** – von allen; **17 dentro** – drin; **23 la cartera** – die Geldbörse; **26 prisionero, -a** – gefangen; **29 la culpa** – die Schuld

—Es la letra de mamá —dice Mila.
—¡Madre mía! —dice Rosa—. Yo no puedo más... Pero vuestra madre, ¿de qué trabaja?
—Pues es secretaria en la embajada noruega —dice Nico.
—O eso dice tu madre... —dice Sara.
—¿Cómo? ¿Qué dices? ¿Estás diciendo que mi madre es una mentirosa? —se enfada Mila.
—Mis padres siempre dicen que tu madre va mucho de viaje.
—Sí, ¿y qué? —contesta Mila.
—Pues dicen que las secretarias, normalmente, no viajan tanto. Y que tu madre parece misteriosa, como una espía de las películas —explica Sara.
—Nuestra madre es una madre normal —protesta Nico.
—Pero es verdad que viaja mucho, y... —dice Mila.
—¿Y qué? —pregunta Rosa nerviosa.
—Pues que es raro... Tiene una maleta pequeña con mucha seguridad que lleva a todas partes. Un día la cogí para verla. La intenté abrir y mi madre se enfadó mucho. Demasiado —dice Mila.
—¡Qué guay! ¡Tenéis una madre espía! —dice Manu.
—¿Mi madre una espía? ¡Es imposible! —grita Nico enfadado.
—Los espías llevan todo su trabajo en secreto, porque pueden poner a la familia en peligro. Y muchas veces tienen doble vida, dos familias... Son vidas muy interesantes. Yo leo muchos libros sobre el tema. ¡Me encanta! —dice Manu.
—Chicos, esto es demasiado para mí. Además, ¿cuándo y cómo puso la madre de Mila la nota en tu cartera? —pregunta la profesora.

---

1 la letra – die Schrift; **4 la embajada** – die Botschaft; **7 mentiroso, -a** – lügnerisch; **11 misterioso** – geheimnisvoll; **11 el/la espía** – der Spion, die Spionin; **17 la seguridad** – die Sicherheit; **17 a todas partes** – überall hin; **17 coger** – nehmen; **23 doble** – Doppel-; **23 la vida** – das Leben

—Pues en el Dragón Oculto. Alguien buscó entre mis cosas. Creo que la madre de Mila es una de las personas con máscara. Nos reconoció y aprovechó la noche para dejar la nota —dice Manu.

—¿Dragón Oculto? ¿Qué es eso? —pregunta Mila.

—Es una historia muy larga —dice Manu—. Ahora necesitamos volver allí y ayudar a tu madre a escapar.

—Un momento... —dice Rosa—. Es domingo por la tarde y vuestros padres esperan vuestra vuelta para esta noche —les dice Rosa a Manu y Sara—, y además, mañana hay clase.

—Pues nosotros llamamos a nuestros padres y tú llamas al director y les decimos que te duele mucho la barriga y no puedes conducir así —dice Sara.

—Tus excusas son siempre muy buenas —dice Manu.

—A partir de ahora voy a tener más cuidado con vosotros... ¡qué peligrosos sois! —dice la profesora.

8 Jovi, nuestro nuevo amigo

Domingo por la noche

Jovi está jugando en el ordenador y está pensando en Sara, cuando escucha el motor de un coche. Mira por la ventana y ve el pequeño coche rojo. "¡No puede ser! ¡Otra vez aquí!", piensa Jovi. El cartero les abre la puerta. Está feliz de ver a Sara, pero sabe que esos chicos significan problemas para él.

Todos se sientan en el salón y Jovi saca unas aceitunas y unos refrescos del frigorífico. Todos empiezan a hablar de cómo llegar hasta la madre de Mila y Nico. Jovi está nervioso. Cada vez que mira a Sara le parece más guapa todavía.

Entre todos tienen algunas buenas ideas. Pero ya es tarde y el plan no está totalmente organizado. Rosa pide unas pizzas y se quedan hasta tarde para hablar sobre los detalles.

---

3 reconocer – erkennen; **3 aprovechar** – nutzen; **8 la vuelta** – die Rückkehr; **11 el director** – der Schulleiter; **11 doler (-ue-)** – wehtun; **12 conducir** – (ein Fahrzeug) fahren; **14 a partir de** – ab; **23 sentarse** – sich setzen; **23 sacar** – *hier:* bringen; **29 los detalles** – die Details

Entonces, Mila se acerca a Rosa y le da un abrazo fuerte.
—Gracias, Rosa, eres la mejor profesora del mundo.
—La mejor, no sé, pero la más loca, seguro que sí —contesta Rosa con una sonrisa.
Y muchas gracias, Jovi, por ayudarnos —dice Rosa—. Y, por cierto, ¿podemos pasar aquí la noche?
—Bueno... —dice Jovi—. Mis padres están de viaje, pero seguro que piensan que está bien. Ellos siempre ayudan a la gente, pero esto es muy pequeño...
—Sí, no importa, ya nos ponemos por los sofás y por el suelo —dice Manu.

Lunes

Nadie puede dormir bien. Se despiertan todos temprano, toman rápido leche con galletas y vuelven a hablar sobre el plan. Después entran en el coche. Jovi se pone el uniforme y va en su moto.

El cartero es el único que puede entrar en el Dragón Oculto sin llamar la atención. Así que él tiene la parte más importante del plan. Los demás intentan aparcar en una calle pequeña. Allí nadie va a ver el coche. Desde esa calle van a acercarse al restaurante poco a poco.

Jovi entra con varias cartas en el hotel restaurante y recuerda las palabras de Mila: "Vas a reconocer a nuestra madre por las manos. Ella tiene una cicatriz grande en la mano derecha.
Tienes que hablar con ella y después nos llamáis por teléfono. Ella es muy lista y nos va a decir qué tenemos que hacer".

Hay dos personas con máscaras chinas en la recepción. Jovi les mira las manos y reconoce a la madre de Mila. Le da dos cartas a la otra persona. Es una persona muy alta. Y cuando empieza a abrir los sobres y no los mira, Jovi le da una nota a la madre.

---

1 dar un abrazo fuerte a alguien – jdn innig umarmen; **10 No importa.** – Macht nichts.; **15 la moto** – das Motorrad / das Mofa; **18 aparcar** – parken; **23 la cicatriz** – die Narbe; **25 listo, -a** – schlau;

Pero la persona alta se da cuenta, coge rápido la nota y la lee: "Necesito hablar contigo. Solos."

Entonces coge del brazo a Jovi y le pregunta enfadado:

—¿Quién te manda aquí?

—Nadie...—dice Jovi que siente el peligro.

—¡Claro!... ¡No te creo! —grita la persona alta.

—Y los niños... ¿Dónde están los niños?

—¿Qué niños? —pregunta Jovi.

La paciencia de la persona alta se termina. Le quita el móvil al chico y los lleva a una habitación oscura. Ata a cada uno a una silla, les tapa la boca y, antes de cerrar la puerta, dice con ironía:

—Ya está. Ya podéis estar solos.

9 La caja de la habitación oscura

Nico, Sara y Mila esperan noticias de Jovi cerca del Dragón Oculto. Pero, después de una hora, empiezan a estar nerviosos. Piensan que algo no va bien. Rosa y Manu esperan en el coche. Mila llama a Rosa:

—Algo no va bien... Jovi no sale.

—De acuerdo, pasamos al plan B.

Sara entra en el Dragón Oculto. Su misión es ver qué está pasando allí. En la recepción, la persona alta le pregunta con un fuerte acento:

—Hola, tú otra vez, ¿qué pasa? ¿Te gusta nuestro hotel?

—Bueno... sí, está muy bien. Pero, en realidad, estoy aquí porque olvidé el pijama en la habitación y es mi pijama favorito... —contesta Sara nerviosa.

El hombre se acerca a Sara y le dice:

—¡Ah, claro! Ese pijama tan bonito que encontramos ayer...

Sara piensa que es raro lo que dice la persona alta, porque, en realidad, no olvidó nada.

---

1 darse cuenta – bemerken; **4 mandar** – schicken; **5 sentir (-ie-)** – spüren; **9 la paciencia** – die Geduld; **9 quitar** – wegnehmen; **10 atar** – festbinden; **11 la boca** – der Mund; **13 la caja** – die Kiste; **24 en realidad** – eigentlich

—Pasa, por aquí, esta es la habitación de objetos perdidos —dice el hombre alto.
Entonces abre la puerta de la habitación y empuja a Sara dentro. La ata a otra silla y sale.
—Ya tenéis compañía —dice.

Pasa media hora y Sara tampoco sale del hotel. Nico y Mila se acercan con cuidado. Quieren ver si los chicos están dentro y si están bien. Nico se sube a su hermana y mira por una ventana. Entonces llega alguien por detrás y les ata las manos. Mila los mira.
—¡Qué bien que nos volvemos a encontrar! —dice uno de los gorilas—. Ayer os busqué por todas partes. ¿Qué pasa? ¿No os gusta la comida de "la casa rara"?
Los gorilas meten a los chicos en la habitación oscura con los demás.
—Bueno... ya estamos todos, ¿no? —dice el hombre alto—. Pues creo que podemos terminar las negociaciones. Hay demasiada gente aquí. ¿Y veis esta caja que voy a poner en el centro de la habitación? Pues no es exactamente una caja de bombones...
La madre de Mila mira con miedo la caja y hace señas para hablar. El hombre alto le quita el pañuelo de la boca.
—Os voy a dar la contraseña de la maleta y mucha información. Pero, por favor... quita la caja. Deja marchar a los jóvenes —dice la madre nerviosa.
—¿Ves como no es tan difícil, mi querida espía? —dice el hombre.
Los chicos miran a la madre de Mila con atención. Esta le dice unos códigos que nadie entiende al hombre alto. Este está contento y parece que va a coger la caja para irse. Pero entonces se para en medio de la habitación y dice:
—Ya no me servís para nada... solo me podéis dar problemas. Sabéis demasiado sobre nosotros. Voy a dejar aquí la cajita y en media hora... ¡Bum!

---

1 Pasa. – Komm herein.; **1 el objeto perdido** – die Fundsache; **3 empujar** – schieben; **5 la compañía** – die Gesellschaft; **17 la negociación** – die Verhandlung; **19 la caja de bombones** – die Pralinenschachtel; **22 la contraseña** – das Passwort; **23 marchar** – gehen; **25 querido, -a** – liebe; **30 No me servís para nada.** – Ihr nützt mir nichts mehr.

—Adiós —dice el hombre antes de salir por la puerta.
—Media hora, tenemos media hora —dice la madre de Mila que es la única que puede hablar—. Entonces se tira al suelo atada con la silla y dice:
—Mila, da una patada a esa escoba. Tiene que caer hacia mí. Tengo que romper estas cuerdas. Tenemos que salir de aquí.

Rosa y Manu, que no tienen noticias de nadie, se acercan al Dragón Oculto. Los dos ven salir rápido a una persona alta con una maleta pequeña, otra más baja y a los dos gorilas.
—Vamos, Manu, plan C.
Manu llama a la policía. Rosa entra en el Dragón Oculto y empieza a gritar los nombres de los jóvenes.
Entonces escucha la voz de la madre de Mila. Encuentra a los chicos y empieza a liberarlos, pero el tiempo se acaba.

El reloj de la caja marca 4 minutos y 50 segundos.
—La caja es una bomba. Pero no hay tiempo de liberar a todos. Ayuda a los chicos. ¡Corred! —dice la madre.
Manu entra en ese momento y ve la bomba. Quedan tres minutos. Coge la caja y mira los dos cables.
—¿Rojo o azul? Tengo que sacar uno, ¿verdad?
La madre no sabe qué decir. Manu busca rápido en Internet, pero no sabe qué hacer. Tienen menos de un minuto y todavía no están libres. Entonces, Manu tiene una idea. Abre la ventana, coge la caja y la tira con mucha fuerza a la piscina. Unos segundos después se escucha una explosión.

---

3 tirarse al suelo - sich auf den Boden werfen; **5 la escoba** - der Besen; **6 romper** - *hier:* zerreißen; **6 la cuerda** - das Seil; **9 bajo, -a** - klein; **14 liberar** - freilassen; **15 el reloj** - die Uhr; **16 la bomba** - die Bombe; **19 el cable** - das Kabel; **24 tirar** - werfen

9

Todos se abrazan y lloran. Todavía están nerviosos. Salen del Dragón Oculto y ven a la policía que llega con los gorilas y las otras dos personas en un coche grande.
—¿De quién es esta maleta? —pregunta el policía.
—Esa es mi maleta —dice la madre.
—¿Y quién nos llamó? —pregunta el policía.
—Yo—dice Manu.
—Gracias, chico, estos tipos son unos criminales. La policía noruega los busca desde hace años. Son peligrosos. Siento el robo de la maleta. Seguramente, se equivocaron y pensaron que sois gente con información importante. Espías o algo así. ¿Os lo podéis creer? ¡Disfrutad de vuestras vacaciones!

Dos días después en Madrid

—Mamá, tienes muchas cosas que contarnos. No entiendo por qué nos tapaste los ojos y nos llevaste a "la casa rara" —dice Nico.
—Alguien me amenazó y pensé en lo más seguro para vosotros, para nosotros. Unas personas nos ofrecieron protección. Lo mejor para estar seguro es no saber cosas, por eso os tapé los ojos. Pero al llegar a "la casa rara", me di cuenta de la situación. Abrieron la puerta de "la casa rara" las mismas personas que me amenazaron. ¡Todo fue un engaño!
Os dejaron en la casa y me llevaron al hotel. Allí vinieron diferentes personas con muchas preguntas. Como es un hotel y hay mucha gente, nadie pensó nada raro.
—Mamá, esta información no es suficiente —protesta Nico. ¿Qué hay en esa maleta?
La madre mira la maleta, la pone detrás de la puerta y repite:
—Lo mejor para estar seguro es no saber cosas. ¿Cuántas veces tengo que decir esto?
—Pero, entonces... ¿de verdad eres espía? —pregunta Mila.

1 abrazarse – sich umarmen; **1 llorar** – weinen; **17 ofrecer** – anbieten;
17 la protección – der Schutz; **21 el engaño** – der Betrug

—Bueno… A partir de ahora soy solo una madre normal que trabaja de secretaria, ¿vale?

Por la noche, mientras la madre duerme, Mila despierta a Nico y los dos van en silencio hasta la maleta. Mila tiene buena memoria y recuerda los códigos que dijo su madre a los malos. Los hermanos intentan abrir la maleta.

Por fin, consiguen abrir la maleta. Sacan un móvil. Es muy antiguo. Pero la madre se levanta enfadada y les dice:

—Esto que veis aquí es algo muy importante.

—¿De verdad? ¿Este móvil del siglo pasado? —ríe Nico.

—Sí. Este móvil tiene los códigos de una parte de la reserva de dinero del Estado noruego. No sé cómo supieron esto esas personas. Casi nadie tiene información sobre este dinero por seguridad. En este viejo móvil sin sistema de localización están las contraseñas para sacar el dinero. ¡Es tan fácil!

—Pero, ¿por qué tú? —pregunta Mila.

—Bueno, las personas importantes del Estado pensaron en el escondite perfecto: el pequeño apartamento de una secretaria en Madrid. Y lo fue durante años, pero ahora la maleta ya no está segura aquí. Y ahora es mi turno de descansar y de volver a ser una madre normal.

Mila y Nico se miran. No saben qué creer, pero saben que quieren mucho a su madre y le dan un gran abrazo.

---

4 Tiene buena memoria. – Sie hat ein gutes Gedächtnis.;
10 el siglo – das Jahrhundert; **11 el código** – der Code;
11 la reserva de dinero – die Geldreserven; **12 el estado** – der Staat;
15 sacar dinero – Geld abheben; **18 el escondite** – das Versteck;
20 Es mi turno. – Ich bin an der Reihe.

1 En el instituto Quevedo de Madrid

1 Escribe quiénes son los siguientes personajes.

La profesora de español: ___________

El hermano de Mila: ___________

El chico más divertido de la clase: ___________

La compañera de clase de Mila: ___________

2 Marca si las siguientes frases sobre el capítulo son correctas (V) o no (F).

	V	F
a) Mila sabe que tiene que ir al dentista.		
b) Mila está enferma, por eso no contesta a sus amigos.		
c) Mila está en una casa muy vacía.		
d) Mila no tiene problemas con el Inglés.		
e) El lunes por la tarde Mila no contesta a los mensajes de Sara.		
f) Mila sabe dónde está.		

2 Cerca del mar

Ordena cronológicamente lo que pasa en este capítulo.

	Mila y su hermano no pueden cenar.
	Manu tiene un mensaje de Mila en su teléfono.
	Sara quiere llamar a la policía.
	Nico le dice a Mila que su madre no está en casa.
	Sara le cuenta a Manu que la casa de Mila está vacía.
	Sara habla con la vecina de Mila.

3 Todos a la playa

1 Contesta las siguientes preguntas:

¿Cómo saben Sara, Manu y Rosa dónde está Mila?

____

____

____

____

¿Qué piensan del pueblo cuando llegan?

____

____

2 Busca en Internet el camino que hacen Rosa, Manu y Sara de Madrid a Oliva y escribe cuántos kilómetros hay.

____

4 El cartero y la casa junto al mar

Forma frases que correspondan al capítulo.

1. Sara llega hasta el cartero porque…	a) tiene miedo.	___
2. El cartero no quiere contar nada porque…	b) sus amigos van a ayudarla a escapar.	___
3. Rosa, Sara y Manu están contentos porque…	c) saben dónde está Mila.	___
4. Sara ve a Mila porque…	d) está muy cerca de ellos.	___
5. Mila está muy contenta porque…	e) corre más rápido que él.	___

5 La noche en el Dragón Oculto

Elige la respuesta correcta. A veces hay más de una.

a) Van a dormir al hotel Dragón Oculto porque...
- [ ] está lejos de la casa de la puerta verde.
- [ ] no tienen tiempo para buscar otro hotel.
- [ ] es barato y está cerca de la casa de la puerta verde.

b) La habitación donde duermen Rosa y Sara...
- [ ] es grande y de color rojo y negro.
- [ ] no tiene mucha luz, pero es grande.
- [ ] es pequeña y tiene mucha luz.

c) Durante la noche Manu...
- [ ] duerme toda la noche en el sofá de la habitación de Rosa.
- [ ] tiene miedo y se va a la habitación de las chicas.
- [ ] duerme solo en su habitación aunque tiene miedo.

d) Por la mañana Manu descubre que...
- [ ] su móvil no está en la habitación.
- [ ] alguien estuvo en su habitación por la noche.
- [ ] su mochila está abierta, pero las cosas están dentro.

6 La idea de Manu

Ordena cronológicamente lo que pasa en este capítulo.

	Mila y Nico saltan la valla y escapan.
	Rosa va en coche a buscar a Manu.
	Manu se esconde de los gorilas en el carro del cartero.
	Manu lleva comida china a los gorilas de "la casa rara".
	Sara habla con Manu por teléfono.
	Los gorilas echan a Manu de "la casa rara".

7 La madre de Mila

Escribe de qué personaje habla.

____________	Es estudiante y vive con sus padres en el centro de Oliva, pero trabaja algunas horas para tener dinero.
____________	Sus padres dicen que la madre de Mila parece una espía como las de las películas.
____________	Escribe una nota a sus hijos y les dice que están en peligro y que no pueden volver al hotel.
____________	Le gustan mucho los libros de espías.
____________	Tiene que llamar al director para decirle que está enferma.

8 Jovi, nuestro nuevo amigo

Completa el resumen del capítulo con las palabras de la casilla.

el cartero · duermen · unas cartas · la madre · la nota · la persona alta · una habitación oscura

Rosa, Mila, Nico, Sara y Manu van a casa de Jovi, ________________ , y organizan el plan y ________________ allí. Por la mañana Jovi va al Dragón Oculto a llevar ____________________ y le da una nota a ______ ______________ de Mila. ________________________ se da cuenta, lee la nota y lleva a la madre de Mila y a Jovi a ________________________ ____.

9 La caja de la habitación oscura

1 Busca en la sopa de letras las palabras del capítulo.

E	N	G	A	Ñ	O	T	X	Z	P
S	B	C	C	R	O	P	R	Y	C
C	O	N	T	R	A	S	E	Ñ	A
O	J	E	I	H	N	J	L	Q	J
N	T	A	R	G	P	T	O	S	A
D	H	D	A	E	R	P	J	F	L
I	C	J	R	A	O	S	Z	G	I
T	U	X	H	B	T	E	U	H	U
E	E	V	S	R	E	I	N	C	Z
G	R	M	U	W	C	S	H	Ó	T
K	D	U	E	J	C	A	J	D	I
C	A	B	L	E	I	W	L	I	O
S	W	R	O	I	Ó	E	I	G	P
Q	E	D	D	G	N	R	Z	O	Z

Kiste

Uhr

Seil

Passwort

Versteck

Kabel

Betrug

Boden

Code

Schutz

2 Escribe si crees que la madre de Mila les cuenta todo a sus hijos.